BAYU CANGZHEN

——CHONGQING SHI DI-YI CI

QUANGUO KEYIDONG WENWU PUCHA

WENWU JINGPIN TULU

巴渝藏珍

重庆市第一次全国可移动文物普查文物精品图录

金属器卷

主　编　幸　军

副主编　程武彦　柳春鸣　钟冰冰　欧阳辉

西南师范大学出版社

国家一级出版社 全国百佳图书出版单位

图书在版编目(CIP)数据

巴渝藏珍：重庆市第一次全国可移动文物普查文物
精品图录 / 幸军主编. — 重庆：西南师范大学出版社，
2019.3
ISBN 978-7-5621-5572-0

Ⅰ.①巴… Ⅱ.①幸… Ⅲ.①文物–普查–重庆–图
录 Ⅳ.①K872.719

中国版本图书馆 CIP 数据核字(2019)第 045488 号

巴 渝 藏 珍
——重庆市第一次全国可移动文物普查文物精品图录

主编 幸 军

责任编辑：杨景罡　曾　文　周明琼　熊家艳
　　　　　翟腾飞　鲁　艺　杨　涵　高　勇　谭小军
责任校对：钟小族
书籍设计：王　煤
出版发行：西南师范大学出版社
　　　　　中国·重庆市北碚区天生路 2 号
　　　　　邮编：400715
　　　　　网址：www.xscbs.com
经　　销：新华书店
排　　版：重庆新金雅迪艺术印刷有限公司
印　　刷：重庆新金雅迪艺术印刷有限公司
幅面尺寸：210 mm×280 mm
印　　张：91
字　　数：1213 千字
版　　次：2019 年 5 月第 1 版
印　　次：2019 年 5 月第 1 次印刷
书　　号：ISBN 978-7-5621-5572-0

定　　价：698.00 元(全六卷)

重庆是中国历史文化名城,具有悠久的历史和光荣的革命传统,积淀了巴渝文化、革命文化、抗战文化、三峡文化、移民文化、统战文化等人文底蕴。这些丰厚的文化遗产,延续着这座城市的历史记忆。

可移动文物是宝贵的文化遗产,是传承弘扬中华优秀传统文化的重要载体。2012年至2016年,国务院部署开展第一次全国可移动文物普查,这是保护传承中华优秀传统文化的重大举措,是加强国家软实力建设的重要文化战略,也是全面夯实我国文物工作基础的关键工程,具有里程碑意义。

五年来,在重庆市委、市政府的领导下,全市各级有关部门和各级普查机构精心组织,高效推进,广大一线普查员攻坚克难、敬业奉献,圆满完成了可移动文物普查任务,取得了丰硕的普查工作成果。

面对可移动文物总量大、范围广、类型多、收藏单位多元、保存情况复杂等现状,我市以县域为基本单元、国有单位为基本对象的网格式调查排查,实现了地理范围的全覆盖、国有单位的全参与、文物核心指标的全登记,摸清了国有可移动文物家底,建立起全市可移动文物资源数据库。普查结果显示,全市国有文物收藏单位有165家,采集登录可移动文物148.2489万件,收录文物照片91.5479万张。我市国有可移动文物呈现出文物类型丰富、文化序列完整、地域特色鲜明、分布相对集中等特点。35个文物类别均有分布,从200万年前至现代,重要历史时期反映社会生产生活的各类文物齐备,三峡文物、革命文物、抗战文物最具重庆地域特色。

在普查过程中,全市参与普查工作的普查员共6671人,举办各类培训432次,共调查国有单位26104家,新建近15万件/套文物的档案。各单位按照普查工作要求开展藏品清点,核查账物对应情况,补充完善文物信息,健全藏品账目档案,建立健全文物管理制度。同时,我市还通过自主研发文物信息离线登录平台,建立文物信息逐级审核制度、数据审核专家责任制等工作机制,确保了普查进度和数据质量。

通过五年的普查,全市建立了国有可移动文物认定体系,健全了国有可移动文物收藏管理制度,构建了国有可移动文物动态监管体系,建立起统一的可移动文物的登录标准,为我市可移动文物保护和利用奠定了良好的基础,也为探索建立覆盖全市所有系统的文物保护利用体系创造了条件。

普查工作期间,我市还在文化遗产宣传月和主题日组织开展形式多样的专题宣传活动,利用文物普查成果,拍摄《国宝大调查》专题片,举办"细数家珍,传承文明——重庆市第一次全国可移动文物普查"展览,并在全市各区县巡展,普及文化遗产保护知识,营造文化遗产保护氛围。重庆中国三峡博物馆组织参观者探访文物保护中心实验室,让观众了解文物保护修复过程；重庆市文化遗产研究院组织文物保护志愿者走进考古工地，体验考古发掘出土文物的过程，组织文博专家在各大中小学开展文化遗产保护专题讲座，提升青少年学生对文化遗产保护的认知。

普查过程中，各普查收藏单位通过对珍贵文物的整理研究，进一步发掘出文物的历史价值、艺术价值和科学价值，发表与普查成果相关的文章150余篇，还出版藏品图录和藏品专题研究图书。2013年起，以普查为契机，我市率先启动抗战可移动文物专题研究，先后对全市抗战文物、革命文物、长征文物（可移动文物部分）进行调查统计，为下一步开展文物保护利用奠定了良好的基础。2016年，受国家文物局委托，我市对四川、云南、贵州、重庆等西南4省市的抗战可移动文物进行专项调查，并编制完成了《抗战文物（可移动）专项调查报告——以西南四省市为例》。

在可移动文物普查基础上，我市组织开展镇馆之宝评选活动，评选出354件/套镇馆之宝。重庆中国三峡博物馆先后编辑出版《重庆中国三峡博物馆馆藏文物选粹·玉器》《重庆中国三峡博物馆馆藏文物选粹·鼻烟壶》和《重庆中国三峡博物馆馆藏文物选粹·铜镜》等图录，以"馆藏江南会馆文物资料整理与研究"为题，作为2015年度重庆市社会科学规划特别委托项目立项。渝北区编辑出版《渝北古韵》，在普查清理木质文物的基础上，重点研究馆藏特色古床等文物。黔江区文化部门经过系统整理，出版了《双冷斋文集校注》《笏珊年谱校注》，填补了黔江区清代历史文献的空缺。

为了让第一次全国可移动文物普查成果更好地服务于社会，重庆市文物局编辑出版《巴渝藏珍——重庆市第一次全国可移动文物普查总结报告暨收藏单位名录》和《巴渝藏珍——重庆市第一次全国可移动文物普查文物精品图录》。前者由重庆市的普查总报告、全市6家直属单位和39个区县的普查分报告、重庆市第一次全国可移动文物普查收藏单位名录三个部分组成，是中华人民共和国成立以来重庆市首次对可移动文物进行全面综述；后者从全市石器、铜器、书法绘画等35个类别、148.2489万件藏品中遴选出1604件/套文物，分六卷进行编辑，入选文物年代序列完整，类型丰富，是全市国有可移动文物珍品的群集荟萃，反映了重庆历史文化传承脉络，体现了重庆深厚的历史文化底蕴。

保护文物功在当代，利在千秋。回望过去，我市通过普查，全面掌握了可移动文物的数量分布、保存状况、文物价值等重要信息，向摸清文物资源家底、健全文物管理机制、发挥文物公共服务功能迈出了关键的一步。展望未来，保护文物、传承历史，让收藏在博物馆的文物、陈列在广阔大地上的遗产、书写在古籍里的文字都活起来，我们深感任重道远。

幸 军

Preface

Chongqing is a historically and culturally prestigious city in China that boasts a long history and a glorious revolutionary tradition. Chongqing has cultivated Bayu culture, revolution culture, culture of War of Resistance Against Japanese Aggression, the Three Gorges culture, immigrant culture, united front culture, and other humanistic and cultural references, leaving an extremely rich cultural heritage and extending the historical memory of the city.

Movable cultural relics are precious cultural heritages and important carriers for the inheritance and promotion of excellent traditional Chinese culture. From 2012 to 2016, the State Council had deployed and carried out the first national survey on movable cultural relics, which was a major measure taken to preserve and inherit excellent traditional Chinese culture, an important cultural strategy to promote national soft power, and a key project to comprehensively consolidate the foundation of Protecting China's cultural relics.

Over the past five years, under the leadership of the municipal Party committee and municipal government of Chongqing, relevant departments at all levels within the city have formulated the overall planning and requested high standards; census institutions at all levels have meticulously organized and efficiently promoted relevant work; plenty of front-line census enumerators have overcome various difficulties and dedicated to the project, successfully completing the first national census on movable cultural relics and achieving fruitful census results.

Faced with a large number of movable cultural relics that come from a wide range and are reserved by various collection units with complex preservation conditions, the city carried out a grid-style screening and examination which took counties as the basic units and state-owned units as the basic objects. Eventually, the city realized coverage of all geographical areas, participation by all state-owned units, and registration of all key indicators of cultural relics, captured a clear picture of state-owned movable cultural relics, and established the city's movable cultural relics resources database. According to the census results, there are 165 state-owned cultural relics collection units in the city, among which 1,482,489 movable cultural relics and more than 90 thousand photos of cultural relics have been collected and registered. The state-owned movable cultural relics in our city are characterized by rich types of cultural relics, complete cultural sequences, distinct regional characteristics, relatively concentrated distribution, etc. Dating from modern times to 2 million years ago, cultural relics have been found in all 35 types, including complete cultural relics that reflected the production and social life in important historical periods. The cultural relics of the Three Gorges, revolution, and the War of Resistance are of the most distinctive regional features of Chongqing.

During the census, a total of 6,671 census enumerators have participated, 432 trainings of various kinds have been held, a total of 26,104 state institutions have been surveyed, and nearly 150,000 pieces/set of new cultural relics archives have been built. In accordance with the requirements of the census, all units have carried out inventory checking of cultural relics, checked up accounts, supplemented cultural relics information, improved the accounts and archives of cultural relics, and established a sound cultural relics management system. Meanwhile, the city has developed an offline registration platform for cultural relics information through independent research and established a level-by-level verification system for cultural relics information and an expert responsibility system for data verification and other working mechanisms, which ensured the normal work progress and high data quality of the census.

Through five years of census, the city has established an identification system for state-owned movable cultural relics, a sound collection and management system for state-owned movable cultural relics, built a dynamic supervision system for state-owned movable cultural relics, and established a unified registration standard for movable cultural relics, laying a solid foundation for the protection and utilization of movable cultural relics, and providing conditions for exploring to build a system for the protection and utilization of cultural relics that covers all systems in the city.

During the census, the city has organized various forms of special promotional activities in the Cultural Heritage Promotion Month and on the Cultural Heritage Promotion Theme Day. Making use of achievement of the census, the city produced a feature film called *the National Treasure Census*, held exhibitions in all districts and counties of the city titled *Checking out Family Treasures and Passing Down Civilization—Chongqing's First Census on National Movable Cultural Relics*, popularized knowledge on cultural heritage protection and created an atmosphere for cultural heritage protection. Chongqing China Three Gorges Museum organized visitors to see the laboratory of the Cultural Relics Protection Center for them to understand the conservation and restoration process of cultural relics. Chongqing

Institute of Cultural Heritage organized cultural relic protection volunteers to set foot on archaeological sites and experience the process of excavating unearthed cultural relics, and organized cultural and museological experts to hold special lectures on cultural heritage protection in primary and secondary schools, so as to raise young students' awareness of cultural heritage protection.

In the process of the census, all collection units have further explored the historical value, artistic value and scientific value of culture relics, published more than 150 articles related to the census results, and published collection catalogues and special research books on collections through collating and research of the precious cultural relics. Since 2013, taking the census as an opportunity, the city has taken the lead in starting special research on the movable cultural relics during the War of Resistance. The census and statistics on relics concerning the War of Resistance, revolution, and the Long March (movable cultural relics) of the city have been conducted successively, laying a good foundation for further protection and utilization of cultural relics. In 2016, entrusted by the National Cultural Heritage Administration, the city conducted a special examination on movable cultural relics concerning the War of Resistance in 4 provinces and municipality in southwest China (Sichuan, Yunnan, Guizhou, and Chongqing), completed the compilation of *Special Survey Report on Relics of the War of Resistance (Movable) — Taking Four Provinces and Municipality in Southwest China as An Example*.

Based on the census on movable cultural relics, the city organized a selection of museum treasures in which 354 pieces/set of museum treasures stood out. Also, cultural and creative design contest was launched, and Chongqing China Three Gorges Museum has successively edited and published catalogues including *Selective Collection of Chongqing China Three Gorges Museum — Jades, Selective Collection of Chongqing China Three Gorges Museum — the Snuff Bottles*, and *Selective Collection of Chongqing China Three Gorges Museum — the Bronze Mirrors*. A special project named *Data Compilation and Research of Cultural Relics of Jiangnan Club* was launched as entrusted by Chongqing social science planning of 2015. Yubei District edited and published *Yubei Ancient Charm*. On basis of the examining and sorting out wooden cultural relics, it focused on research on featured ancient beds and other cultural relics in the collection. After systematical arrangement, the cultural department of Qianjiang District published *Annotates on the Collected Works of Shuanglengzhai* and *Annotates on the Hushan Chronology*, which filled the gap of historical documents of Qianjiang District during the Qing dynasty.

In order to make the results of the first national census on movable cultural relics better serve the society, the Cultural Heritage Bureau of Chongqing edited and published *Bayu Treasures — Summary of Chongqing's First National Census on Movable Cultural Relics and Collection Units Directory* and *Bayu Treasures — the Catalogue of Selective Cultural Relics from Chongqing's First National Census on Movable Cultural Relics*. The former is composed of 3 parts: The census report by Chongqing municipality, the reports by 6 directly affiliated units of Chongqing municipality and 39 districts and counties, as well as directory of the collection units of Chongqing's first national census on movable cultural relics. It is the first comprehensive census on movable cultural relics in Chongqing since the founding of the People's Republic of China. The latter selects more than a thousand pieces/sets of cultural relics from 1,482,489 items among the city's 35 categories including stone and bronze artifacts, calligraphy, and paintings. It is compiled in six volumes with complete chronological sequences and various types of cultural relics. It boasts a diverse collection of state-owned movable cultural relics of the city, reflects the historical and cultural context of Chongqing, and demonstrates the profound historical and cultural heritage of Chongqing.

The preservation of cultural relics in the contemporary benefits generations in the future. Looking back on the past, the city has comprehensively grasped the quantity, distribution, preservation status, cultural heritage value and other important information of movable cultural relics through the census, which is a pivotal step to obtain a thorough understanding of cultural heritage resources, improve the cultural heritage management mechanism, fulfill the public service function of cultural heritage. Looking forward to the future, we have a long distance to cover and heavy responsibilities to shoulder in protecting cultural relics, inheriting the history, and bringing to life the cultural relics collected in museums, heritage displayed on the vast land, and characters written in ancient books.

XING, Jun

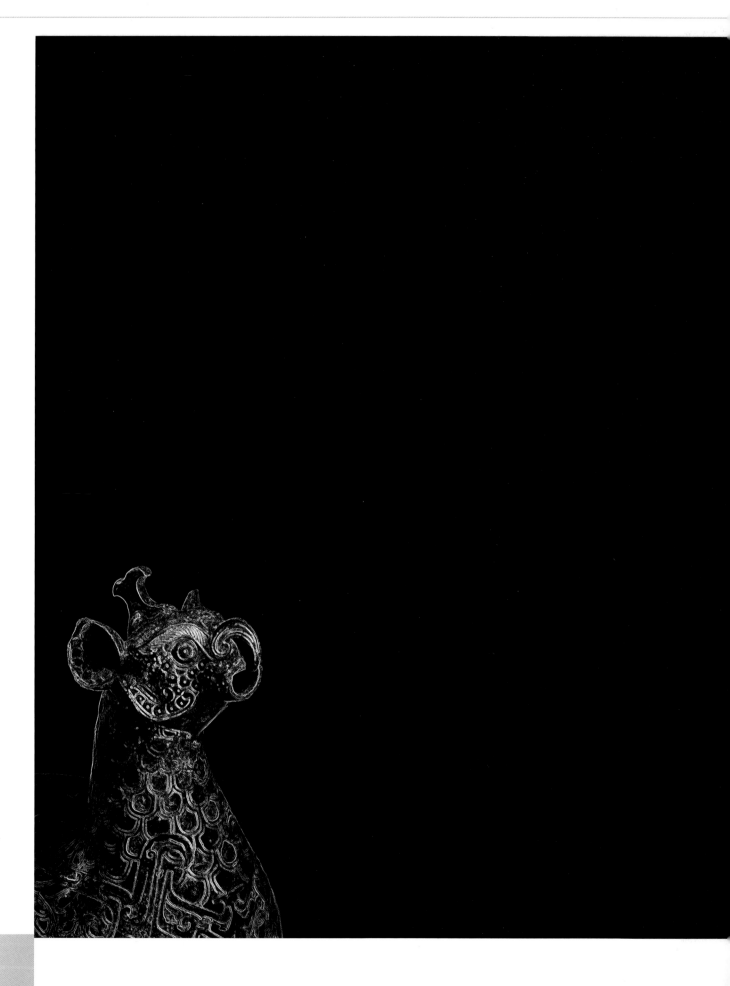

目录

概述

一

本卷共收录文物 232 件/套,分为铜器、金银器、铁器三大类,涵盖了第一次全国可移动文物普查分类中的铜器,金银器,铁器、其他金属器等 9 个类别。

根据《第一次全国可移动文物普查馆藏文物类别说明》,铜器是指历代以铜为主要材质的生产工具、生活用具及其他制品(不包括钱币和雕塑、造像)。金银器是指历代以金银为主要材质的生产工具、生活用具及其他制品(不包括钱币和雕塑、造像)。铁器、其他金属器是指历代以除金、银和铜之外的金属为主要材质的生产工具、生活用具及其他制品(不包括钱币和雕塑、造像)。

需要注意的是,本卷收录的铜器,除了普查分类所指的铜器外,还包括了雕塑、造像、玺印符牌,钱币,武器,乐器、法器以及度量衡器等类别中以铜为主要材质的文物,如铜佛像、铜印章、铜钱、铜剑等。所收金银器除普查所规定的外,则纳入了以金、银为主要材质的玺印符牌和钱币类文物,如金印、银锭等。铁器中也包括了以铁为主要材质的武器等。

重庆市第一次全国可移动文物普查共采集登录铜器 12009 件/套,实际数量为 15397 件,占普查文物总量的 1.04%;金银器 1537 件/套,实际数量为 2166 件,占普查文物总量的 0.15%;铁器、其他金属器 3295 件/套,实际数量为 4120 件,占普查文物总量的 0.28%;雕塑、造像 14689 件/套,实际数量为 15257 件,占普查文物总量的 1.03%,其中以铜为主要材质的有 792 件,约占雕塑、造像总量的 5.19%;玺印符牌 2772 件/套,实际数量为 8077 件,占普查文物总量的 0.54%,其中以铜、金、银为主要材质的有 941 件,约占玺印符牌总量的 11.65%;钱币 41959 件/套,实际数量为 330993 件,占普查文物总量的 22.33%,其中以铜、金、银为主要材质的有 322296 件,约占钱币总量的 97.37%;武器 4971 件/套,实际数量为 5825 件,占普查文物总量的 0.39%,其中以铜、铁为主要材质的有 5297 件,约占武器总量的 90.94%;乐器、法器 1036 件/套,实际数量为 1378 件,占普查文物总量的 0.09%,其中以铜为主要材质的有 634 件,约占乐器、法器总量的 46.00%;度量衡器 259 件/套,实际数量为 313 件,占普查文物总量的 0.02%,其中以铜为主要材质的有 97 件,约占度量衡器总量的 30.99%。

本卷收录文物来源于全市 20 个收藏单位,其中有一级文物 110 件,二级文物 26 件,三级文物 23 件(皆为实际数量)。

二

下面就 3 个部分的文物分别予以说明:

(一)铜器

重庆地区铜器涵盖的年代范围广,从商代到清代乃至民国,基本每个时期都有分布,尤以战国和汉代数量为多,且多为出土器,区域特色鲜明。

商代三羊铜尊是目前所见重庆出土年代最早的一件青铜容器,1980年出土于巫山县大昌镇大宁河畔的李家滩,原由巫山县文物管理所(巫山博物馆)收藏,2005年调拨至重庆中国三峡博物馆。该器物为喇叭口、束颈、折肩、弧腹、高圈足,器身以云雷纹为地,上饰夔纹和兽面纹,造型与纹饰总体呈中原文化商代晚期的特征,而模糊的地纹、粗犷的铸造风格,又表现出浓郁的地方特色,与四川广汉三星堆遗址出土的同类器相似。

战国时期的巴蜀青铜器特别是各种饰有虎纹、手心纹等巴蜀图语的青铜兵器,最能代表这一时期巴渝地区的文化特色,也是巴人全民皆兵、能征善战的最好见证。重庆中国三峡博物馆收藏有一件战国巴蜀图语铜钺,出土于九龙坡区冬笋坝遗址,形制为圆刃、直腰、折肩,肩以上内收成銎,俗称"烟荷包"式铜钺,具有典型的巴蜀文化特征,其肩部还刻有"王"字及一个巴蜀图语。柳叶形铜剑也是典型的巴蜀兵器,整体呈柳叶形,扁茎、无格,茎上常有二穿,剑身基部多铸有虎纹、手心纹及其他巴蜀图语,有的剑身还有"虎皮斑纹",如重庆市涪陵区博物馆(文物管理所)收藏有一件出土于涪陵区小田溪墓地的手心虎纹柳叶形铜剑,长近60厘米,剑身基部一面铸有手心纹,另一面铸有虎纹、"王"字以及其他巴蜀图语,剑身表面满饰银色的斑点,即所谓的"虎皮斑纹",颇为精美。这是一种特殊的金属表面处理工艺,体现了巴人高超的金属铸造技术。重庆市文化遗产研究院收藏的一件手心虎蝉纹柳叶形铜剑也出自小田溪墓地,剑身较短,铸有虎纹、蝉纹及手心纹,较为特别的是该剑还附有贴金铜剑鞘,甚为罕见。虎纹铜戈也是较具代表性的巴蜀兵器,1973年重庆市博物馆(今重庆中国三峡博物馆前身)在万县新田公社(今万州区新田镇)发现了一件铜戈,形制为直援方内,援中起脊,中胡二穿,援上角另有一穿,内上有一圆穿。援本部有一凸起呈浅浮雕状的虎头装饰,瞪目呲牙咧嘴,状极狰狞,虎身延伸至内上,用阴刻的线条表示。这件虎纹铜戈的特别之处在于其援上侧有一行铭文,与四川郫县发现的一件虎纹铜戈上的文字类似,有学者认为这是一种战国时期流行于巴蜀境内的表意文字,但由于发现数量太少,难以探究其构成规律,目前还无法释读。

虎钮铜錞于是典型的巴文化青铜乐器,在重庆、四川、湖北等巴人故地多有发现,年代多为战国至两汉前期。重庆中国三峡博物馆收藏的一件战国铜錞于重约30千克,造型厚重、音质优良,有"錞于王"之美誉。该錞于钮呈虎形,栩栩如生,不怒而威。盘内虎钮周围分布有五组纹饰:椎髻人面、羽人击鼓与独木舟、鱼与勾连云纹、手心纹、神兽与四叶纹,是研究巴文化的重要实物资料。

战国鸟形铜尊是重庆中国三峡博物馆收藏的一件巴人青铜容器,其整体呈鸟形,具有鱼嘴、鹰喙鼻、兽耳、凤冠、鸽身、鸭脚等特征,通体饰细密的羽纹,羽纹上原应有规律的镶嵌绿松石,惜已脱落。该器物造型别致,纹饰精美,且体轻、壁薄、中空,铸造难度极高,出土于小田溪巴人贵族墓地,是研究巴人的铸造工艺和审美情趣的难得的艺术精品。

重庆地区的汉代铜器以生活用具为多,如铜鼎、铜釜、铜壶、铜洗、铜匜、铜杯、铜灯、铜镜等,多为墓葬中出土。原渝州大学附中东汉墓中出土的一面铜镜,主题纹饰为龙虎纹,上部为双龙纹,分别为正面和侧面,口均张开,共含一利剑,龙身鳞片突出;下部为一虎纹,做正面奔跑状。龙虎纹均为高浮雕式,形象生动。主纹外侧饰一周短斜线纹,边缘饰枝叶纹一周,细叶蔓枝较为优美。该镜形制小巧,纹饰精美,品相极佳,是重庆汉代铜镜中的精品,现收藏于重庆中国三峡博物馆。

　　重庆汉墓出土的陶俑以及陶鸡、陶狗、陶马等各种动物造型生动活泼,且又贴近生活,充分体现了当时人们的审美情趣,而青铜器中同样也有类似的器物发现。如重庆中国三峡博物馆收藏的一件开州区竹溪镇红华村东汉崖墓出土的牵马铜俑,由铜俑和铜马两部分组成。铜俑由头、身和四肢分4小件组合而成,戴帽着履,身穿右衽宽袖长袍,腰间束带,左手侧上做牵马状,右手残缺。铜马由头、躯干、尾和四肢分7小件组合而成,张口露齿,巨目微凸,竖耳直立,做站立昂首嘶鸣状,其腰圆体壮,四肢矫健。铜马和铜俑保存基本完整,铜马形体高大、造型雄健威武,是重庆乃至巴蜀地区汉代同类器中的精品。铜马极薄的体壁和分铸铆接的做法,也为研究东汉的青铜铸造工艺提供了珍贵的实物资料。此外,重庆市云阳县文物保护管理所(云阳博物馆)收藏的一件汉代铜马,造型较红华村出土者更为矫健灵动,也殊为珍贵。

　　铜佛像在重庆也有较多发现,年代多为唐代及明清时期。但值得注意的是,丰都县镇江镇观石滩村出土的一件摇钱树残件上铸有高发髻,着袒右袈裟,右手施无畏印的佛像。一同出土的摇钱树座上刻有铭文"延光四年五月十日作",延光为东汉安帝年号,四年即125年,有学者认为这是目前国内出土时代最早的有明确纪年的佛像,于中国佛教起源研究有重要意义。唐代铜佛像在丰都县玉溪坪、云阳县明月坝等遗址都有发现,表明这一时期重庆的佛教信仰有了较大发展。重庆中国三峡博物馆收藏的唐代鎏金观音铜像即出土于玉溪坪遗址。重庆中国三峡博物馆还收藏有一件明代鎏金金刚萨埵铜像,造像脸部泥金,面相俊美,衣纹自然流畅,莲花座正面刻有"大明永乐年施"题记。此铜像很可能是明代朝廷赠西藏之物,造型优美,体现了明代宫廷造像工艺的高超水准。

　　(二)金银器

　　重庆地区的金银器以零星发现居多,大规模出土的较为少见。明清时期的金银器以传世品为主,且大部分为小饰品,如耳环、发簪(钗)、指环、手镯等。

　　东汉"偏将军印章"金印系刘定权于1982年底在嘉陵江边劳动时发现,1983年初捐赠给重庆市博物馆收藏。此印为龟钮方形,重108.95克,成色达95.5%,印面篆刻印文"偏将军印章"五字,呈三行排列。据文献记载,偏将军系将军的辅佐,此官制始设于春秋,通常由帝王拜授。偏将军印符合两汉官印制度,即官高者使用龟钮,中下级官吏使用鼻钮。金制官印流行于汉晋时期,全国发现的数量不多。重庆中国三峡博物馆收藏的这枚偏将军金印形制完整,成色足,甚为珍贵。该馆还收藏有一枚"朔宁王太后玺"金印,应是东汉朔宁王隗嚣为其母亲所制,形制和偏将军金印几无二致,亦很珍贵。

1986 年,在南川县人民医院的基建工地上发现了一座南宋石室墓,墓主人为两宋之际的武将张俣,其曾任南平军知军(治所在今南川)。张俣墓中出土的一件金带具较为少见,原收藏于重庆市南川区文物管理所,2005 年调拨全重庆中国三峡博物馆。金带具一组 16 件,计有带扣 2 件,扣箍 1 件,方形铐 11 件,椭圆形铐 1 件,挞尾 1 件。该带具采用锤揲等古代金银器的常用工艺制成,纹饰主要有荔枝纹、折枝花卉及回文等,最为精美。带具是古代附于腰带上的装饰品,有玉、金、银、铜等多种质地,宋代尤为重视金带。该带具制作工艺精良、纹饰精美,且保存完整,弥足珍贵。

1981 年,长寿县城内火神庙街的一个明代窖藏出土了一批金银器,这是重庆境内出土金银器数量较多的一次,总共发现了金箔、银锭、鎏金银器等 20 余件,其中仅鎏金银盘就多达 9 件。本书收录了多件该窖藏出土的金银器,均为重庆中国三峡博物馆收藏,如云鹤纹银鼎、鎏金喜鹊闹梅纹委角方形银盘等。从器形、纹饰等方面来看,这批金银器的年代应该是明代晚期,其中一件鎏金八骏摩羯纹银碗底部阴刻有楷书铭文"崇祯年制",亦可佐证。有学者认为这批金银器为明末曾官至兵部尚书的长寿人陈新甲府上所有。

重庆中国三峡博物馆收藏有一件明代云头金钗,出土于江北区大竹林明墓,长 16.4 厘米,重 52 克。钗首宽 6.5 厘米,呈朵云形,正面精心雕琢出亭台楼阁场景,其中虹桥、人马、树木、花草清晰可辨,背面刻有七律"三学士诗"一首,颂词四句,末署"岁在戊申仲冬吉日造"。钗首构图设计精巧,有学者结合铭文称其为"瀛洲学士图",认为其源自《新唐书》卷一百二《褚亮传》中提到的唐太宗在秦王府设十八学士的故事,元明时期成为工艺品中的流行题材。这件金钗工精艺巧,不仅图案出自典故,且以铭文进行提点,再加上有明确纪年,是明代首饰中的精品。

(三)铁器

中国是世界上较早出现和使用铁器的国家之一。重庆地区铁器的发现以三峡库区居多,如丰都、万州、巫山等地,年代以汉至南北朝时期为主,器物类别主要可分为生产工具、兵器和生活用具,较为常见的有铁锸、环首铁刀、铁釜等。由于铁器极易氧化腐蚀,难以长久保存,多数品相欠佳。

重庆市万州区博物馆(文物管理所)收藏有一批发掘出土的战国至南北朝时期的铁器,其中既有铁锸、铁斧、铁铧冠等生产工具,又有铁剑、环首铁刀、铁矛等兵器,还有铁斧、铁剪刀等生活用具,种类较为齐全,且近些年进行过修复,保存状况较好,属重庆铁器中的精品。

铜器

名称：**三羊铜尊**

时代：商

尺寸：口径 42 厘米，足径 23.5 厘米，高 43.8 厘米

普查类别：铜器

收藏单位：重庆中国三峡博物馆

名称:**涡纹铜爵**

时代:商

尺寸:流尾宽 17.7 厘米，通高 20.2 厘米

普查类别:铜器

收藏单位:重庆中国三峡博物馆

名称:**兽面纹铜觚**

时代:商

尺寸:口径 15 厘米,高 26.6 厘米

普查类别:铜器

收藏单位:重庆中国三峡博物馆

名称:**夔龙纹铜鼎**

时代:西周

尺寸:口径48厘米,通高63.5厘米

普查类别:铜器

收藏单位:重庆中国三峡博物馆

名称："中阪父"铜盆

时代：西周

尺寸：口径 23.5 厘米，底径 10.5 厘米，通高 20.5 厘米

普查类别：铜器

收藏单位：重庆中国三峡博物馆

名称:**兽面纹铜爵**

时代:西周

尺寸:流尾宽 16.7 厘米,通高 30 厘米

普查类别:铜器

收藏单位:重庆中国三峡博物馆

名称:"邵大叔"铜斧

时代:春秋

尺寸:长 15.3 厘米,宽 4.5 厘米

普查类别:铜器

收藏单位:重庆中国三峡博物馆

名称:**带盖铜鼎**

时代:战国

尺寸:口径 31.2 厘米,通高 35.8 厘米

普查类别:铜器

收藏单位:重庆市文化遗产研究院

名称:**带盖铁足铜鼎**

时代:战国

尺寸:口径 24.2 厘米,通高 31 厘米

普查类别:铜器

收藏单位:重庆市文化遗产研究院

名称:**带盖铜鼎**

时代:战国

尺寸:口径 18 厘米,通高 20 厘米

普查类别:铜器

收藏单位:重庆市万州区博物馆(文物管理所)

名称:**带盖铜鼎**

时代:战国

尺寸:口径 15.1 厘米,通高 19.8 厘米

普查类别:铜器

收藏单位:重庆市开州区文物管理所

名称:**蟠螭纹铜鉴**

时代:战国

尺寸:口径 22.2 厘米,足径 12 厘米,通高 12 厘米

普查类别:铜器

收藏单位:重庆市万州区博物馆(文物管理所)

名称:**铜缶**

时代:战国

尺寸:口径 27.2 厘米,高 37.8 厘米

普查类别:铜器

收藏单位:重庆市涪陵区博物馆(文物管理所)

名称:**蟠虺纹带盖铜缶**

时代:战国

尺寸:口径 17.9 厘米,底径 21.7 厘米,高 24.6 厘米

普查类别:铜器

收藏单位:重庆市文化遗产研究院

名称:**鸟形铜尊**

时代:战国

尺寸:长 29 厘米,高 29 厘米

普查类别:雕塑、造像

收藏单位:重庆中国三峡博物馆

名称:**变形龙纹带盖提梁铜壶**

时代:战国

尺寸:口径 8 厘米,足径 12 厘米,通高 33 厘米

普查类别:铜器

收藏单位:重庆中国三峡博物馆

名称:**错银带盖铜壶**

时代:战国

尺寸:口径 14.4 厘米,通高 65 厘米

普查类别:铜器

收藏单位:重庆中国三峡博物馆

名称:**带盖铜钫**

时代:战国

尺寸:口径 11.4 厘米,通高 48 厘米

普查类别:铜器

收藏单位:重庆中国三峡博物馆

名称:**带盖单耳铜鍪**

时代:战国

尺寸:口径 12 厘米,通高 20 厘米

普查类别:铜器

收藏单位:重庆中国三峡博物馆

名称:**带盖双耳铜鍪**

时代:战国

尺寸:口径 24 厘米,通高 33.3 厘米

普查类别:铜器

收藏单位:重庆市文化遗产研究院

名称:**铜釜甑**

时代:战国

尺寸:釜口径 16.1 厘米,底径 11 厘米,高 19.9 厘米;甑口径 26 厘米,底径 11.9 厘米,高 17.1 厘米

普查类别:铜器

收藏单位:重庆市文化遗产研究院

名称:**铜俎、铜豆、铜夹**

时代:战国

尺寸:俎盘径35厘米,高44厘米;豆口径14厘米,高7厘米;夹长13厘米

普查类别:铜器

收藏单位:重庆中国三峡博物馆

名称:**带盖铜豆**

时代:战国

尺寸:口径 12.6 厘米,足径 6 厘米,通高 8.9 厘米

普查类别:铜器

收藏单位:重庆市涪陵区博物馆(文物管理所)

名称:**铜匜**

时代:战国

尺寸:长 17.3 厘米,宽 18 厘米,高 6 厘米

普查类别:铜器

收藏单位:重庆中国三峡博物馆

名称:**镂空鸟纹铜熏炉**

时代:战国

尺寸:口径 11.5 厘米,底径 9.8 厘米,高 14.6 厘米

普查类别:铜器

收藏单位:重庆市文化遗产研究院

名称:**手心虎纹柳叶形铜剑**

时代:战国

尺寸:长 58.3 厘米

普查类别:武器

收藏单位:重庆市涪陵区博物馆(文物管理所)

名称:**竹节纹柳叶形铜剑**

时代:战国

尺寸:长 31.5 厘米

普查类别:武器

收藏单位:重庆市云阳县文物保护管理所(云阳博物馆)

名称:**手心虎纹柳叶形铜剑**

时代:战国

尺寸:长 53.8 厘米

普查类别:武器

收藏单位:重庆市文化遗产研究院

名称:**手心虎蝉纹柳叶形铜剑(附贴金铜剑鞘)**

时代:战国

尺寸:剑长 19 厘米;鞘长 19 厘米,宽 4.9 厘米

普查类别:武器

收藏单位:重庆市文化遗产研究院

名称:**云雷纹柳叶形铜剑**

时代:战国

尺寸:长 24 厘米

普查类别:武器

收藏单位:重庆中国三峡博物馆

名称:**鎏金手心虎纹柳叶形铜剑**

时代:战国

尺寸:长 39 厘米

普查类别:武器

收藏单位:重庆中国三峡博物馆

名称:**玉具铜剑**

时代:战国

尺寸:长 60 厘米

普查类别:武器

收藏单位:重庆中国三峡博物馆

名称:**铜剑**

时代:战国

尺寸:长 49.8 厘米

普查类别:武器

收藏单位:巫山县文物管理所(巫山博物馆)

名称:**戟纹铜斤**

时代:战国

尺寸:长 15.6 厘米,宽 4.8 厘米

普查类别:铜器

收藏单位:重庆中国三峡博物馆

名称:**巴蜀图语铜钺**

时代:战国

尺寸:长 16.2 厘米,宽 7.6 厘米

普查类别:武器

收藏单位:重庆中国三峡博物馆

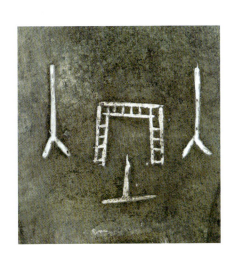

名称:**巴蜀图语铜钺**

时代:战国

尺寸:长 14.3 厘米,宽 7.4 厘米

普查类别:武器

收藏单位:重庆中国三峡博物馆

名称:**鱼纹铜钺**

时代:战国

尺寸:长 17.9 厘米,宽 8.2 厘米

普查类别:武器

收藏单位:重庆中国三峡博物馆

名称:**巴蜀图语铜钺**

时代:战国

尺寸:长 18.3 厘米,宽 8.8 厘米

普查类别:武器

收藏单位:重庆中国三峡博物馆

名称:**兽面纹铜镦**

时代:战国

尺寸:长 19.9 厘米,宽 10.8 厘米

普查类别:武器

收藏单位:重庆中国三峡博物馆

名称:**虎纹铜戈**

时代:战国

尺寸:长 18.4 厘米,宽 8.7 厘米

普查类别:武器

收藏单位:重庆市万州区博物馆(文物管理所)

名称:**人面鸟身鱼尾纹铜戈**

时代:战国

尺寸:长 19.6 厘米,宽 7.6 厘米

普查类别:武器

收藏单位:重庆中国三峡博物馆

名称:**三角援铜戈**

时代:战国

尺寸:长 22.3 厘米

普查类别:武器

收藏单位:重庆市开州区文物管理所

名称:**巴蜀文字虎纹铜戈**

时代:战国

尺寸:长 25.5 厘米,宽 13 厘米

普查类别:武器

收藏单位:重庆中国三峡博物馆

名称:**巴蜀文字虎纹铜戈**

时代:战国

尺寸:长 25.6 厘米,宽 13.6 厘米

普查类别:武器

收藏单位:重庆中国三峡博物馆

名称:**巴蜀图语铜戈**

时代:战国

尺寸:长 23 厘米,宽 13.5 厘米

普查类别:武器

收藏单位:重庆中国三峡博物馆

名称:**浅浮雕变形虎纹铜戈**

时代:战国

尺寸:长 26 厘米,宽 18 厘米

普查类别:武器

收藏单位:重庆中国三峡博物馆

名称:**蜥蜴鹿纹铜戈**

时代:战国

尺寸:长 23 厘米,宽 13.2 厘米

普查类别:武器

收藏单位:重庆中国三峡博物馆

名称:**巴蜀图语铜矛**

时代:战国

尺寸:长 23.9 厘米

普查类别:武器

收藏单位:重庆中国三峡博物馆

名称:**云雷纹铜矛**

时代:战国

尺寸:长 23.5 厘米

普查类别:武器

收藏单位:重庆中国三峡博物馆

名称:**巴蜀图语铜矛**

时代:战国

尺寸:长 21.1 厘米

普查类别:武器

收藏单位:重庆中国三峡博物馆

名称:**手心纹铜矛**

时代:战国

尺寸:长 21 厘米

普查类别:武器

收藏单位:重庆中国三峡博物馆

名称:**长骹铜矛**

时代:战国

尺寸:长 24.7 厘米

普查类别:武器

收藏单位:重庆中国三峡博物馆

名称:**手心虎纹铜矛**

时代:战国

尺寸:长 22 厘米

普查类别:武器

收藏单位:重庆中国三峡博物馆

名称:**手心虎纹铜矛**

时代:战国

尺寸:长 16.6 厘米

普查类别:武器

收藏单位:巫山县文物管理所(巫山博物馆)

名称:**铜矛组合**

时代:战国

尺寸:长 15.8 厘米

普查类别:武器

收藏单位:重庆中国三峡博物馆

名称:**铜胄**

时代:战国

尺寸:口径 11.1 厘米,高 9.1 厘米

普查类别:铜器

收藏单位:重庆市文化遗产研究院

名称:**铜胄**

时代:战国

尺寸:口径 25 厘米,高 27 厘米

普查类别:铜器

收藏单位:重庆中国三峡博物馆

名称:**虎钮铜錞于**

时代:战国

尺寸:通高 70 厘米

普查类别:乐器、法器

收藏单位:重庆中国三峡博物馆

名称:**虎钮铜錞于**

时代:战国

尺寸:通高 55 厘米

普查类别:乐器、法器

收藏单位:重庆中国三峡博物馆

名称:**铜甬钟**

时代:战国

尺寸:通高 50 厘米

普查类别:乐器、法器

收藏单位:巫山县文物管理所(巫山博物馆)

名称:**铜甬钟**

时代:战国

尺寸:通高 58 厘米

普查类别:乐器、法器

收藏单位:重庆市巫溪县文物管理所

名称:**巴蜀图语铜甬钟**

时代:战国

尺寸:通高 43.5 厘米

普查类别:乐器、法器

收藏单位:重庆市文化遗产研究院

名称:**铜钲**

时代:战国

尺寸:通高 38.5 厘米

普查类别:乐器、法器

收藏单位:重庆中国三峡博物馆

名称:**错银鸟纹铜镈**

时代:战国

尺寸:高 16 厘米

普查类别:铜器

收藏单位:重庆市云阳县文物保护管理所(云阳博物馆)

名称:**错银铜车轙帽**

时代:战国

尺寸:高 6.4 厘米,直径 2.4~3.2 厘米

普查类别:铜器

收藏单位:重庆市文化遗产研究院

名称:**贴金兽面纹铜泡**

时代:战国

尺寸:高 1.8 厘米,直径 6.5 厘米

普查类别:铜器

收藏单位:重庆市文化遗产研究院

名称: **错金银犀牛形铜带钩**

时代: 战国

尺寸: 长 23.5 厘米

普查类别: 铜器

收藏单位: 重庆中国三峡博物馆

名称:**蛇形铜带钩**

时代:战国

尺寸:长 13 厘米

普查类别:铜器

收藏单位:重庆中国三峡博物馆

名称:**嵌玉铜带钩**

时代:战国

尺寸:长 20 厘米

普查类别:铜器

收藏单位:重庆中国三峡博物馆

名称:**瓦钮方形铜印**

时代:战国

尺寸:长 2.4 厘米,宽 2.4 厘米

普查类别:玺印符牌

收藏单位:重庆中国三峡博物馆

名称:**圆形铜印**

时代:战国

尺寸:直径 3.4 厘米

普查类别:玺印符牌

收藏单位:重庆中国三峡博物馆

名称:**蟠螭菱纹铜镜**

时代:战国

尺寸:直径 13.9 厘米

普查类别:铜器

收藏单位:重庆市忠县文物局

名称:**铜环权、木衡**

时代:战国

尺寸:铜环权直径 1.4~3.9 厘米;铜盘直径 7.6 厘米;木衡长 41.3 厘米

普查类别:度量衡器

收藏单位:重庆中国三峡博物馆

名称:**铜壶**

时代:汉

尺寸:口径 12.7 厘米,足径 18 厘米,高 29.5 厘米

普查类别:铜器

收藏单位:重庆市忠县文物局

名称:**铜罐**

时代:汉

尺寸:口径 11 厘米,底径 11.5 厘米,高 25.4 厘米

普查类别:铜器

收藏单位:重庆中国三峡博物馆

名称:**铜簋**

时代:汉

尺寸:口径 25.5 厘米,底径 15.8 厘米,高 14.7 厘米

普查类别:铜器

收藏单位:重庆市忠县文物局

名称:**双耳铜釜**

时代:汉

尺寸:口径 31 厘米,通高 25 厘米

普查类别:铜器

收藏单位:重庆市忠县文物局

名称:**短柄铜釜**

时代:汉

尺寸:口径 11.5 厘米,高 11.3 厘米

普查类别:铜器

收藏单位:重庆市忠县文物局

名称:**龙首柄铜釜**

时代:汉

尺寸:口径 10 厘米,高 9 厘米

普查类别:铜器

收藏单位:重庆市奉节县夔州博物馆(奉节县文物管理所)

名称:**铜匜**

时代:汉

尺寸:长 37.5 厘米,宽 28 厘米,高 10.9 厘米

普查类别:铜器

收藏单位:重庆市忠县文物局

名称:**铜博山炉**

时代:汉

尺寸:底径 14.4 厘米,通高 18.5 厘米

普查类别:铜器

收藏单位:巫山县文物管理所(巫山博物馆)

名称:**羊形铜灯**

时代:汉

尺寸:长 13.7 厘米,宽 7.8 厘米,高 10.4 厘米

普查类别:铜器

收藏单位:重庆市云阳县文物管理所(云阳博物馆)

名称：**铜马**

时代：**汉**

尺寸：长 83.5 厘米，宽 21.6 厘米，高 91 厘米

普查类别：雕塑、造像

收藏单位：重庆市云阳县文物管理所（云阳博物馆）

名称:**虎钮铜錞于**

时代:汉

尺寸:通高 54 厘米

普查类别:乐器、法器

收藏单位:重庆市黔江区文物管理所

名称:**虎钮铜錞于**

时代:汉

尺寸:通高 45 厘米

普查类别:乐器、法器

收藏单位:重庆市黔江区文物管理所

名称:**错银嵌金环首铜刀**

时代:汉

尺寸:长 30.3 厘米

普查类别:武器

收藏单位:重庆市云阳县文物管理所(云阳博物馆)

名称:"蛮夷邑长"台基钮方形铜印

时代:汉

尺寸:长2.3厘米,宽2.3厘米,高2.4厘米

普查类别:玺印符牌

收藏单位:重庆市云阳县文物管理所(云阳博物馆)

名称:**鎏金铜牌饰**

时代:汉

尺寸:长 10.6 厘米,宽 5 厘米

普查类别:铜器

收藏单位:重庆中国三峡博物馆

名称:**带盖铜鼎**

时代:西汉

尺寸:口径 15.5 厘米,通高 14.7 厘米

普查类别:铜器

收藏单位:重庆市万州区博物馆(文物管理所)

名称:**带盖铜壶**

时代:西汉

尺寸:口径 17.7 厘米,通高 58.3 厘米

普查类别:铜器

收藏单位:重庆市文化遗产研究院

名称:**蒜头铜壶**

时代:西汉

尺寸:口径 4.7 厘米,高 32 厘米

普查类别:铜器

收藏单位:重庆中国三峡博物馆

名称:**蒜头铜扁壶**

时代:西汉

尺寸:口径 3.5 厘米,高 28.8 厘米

普查类别:铜器

收藏单位:巫山县文物管理所(巫山博物馆)

名称:**雁形铜尊**

时代:西汉

尺寸:长45厘米,高39厘米

普查类别:雕塑、造像

收藏单位:重庆中国三峡博物馆

名称:**铜熏炉**

时代:西汉

尺寸:口径 11 厘米,底径 10.5 厘米,通高 16.5 厘米

普查类别:铜器

收藏单位:重庆市奉节县夔州博物馆(奉节县文物管理所)

名称:**四乳四虺纹铜镜**

时代:西汉

尺寸:直径11.9厘米

普查类别:铜器

收藏单位:重庆中国三峡博物馆

名称:**"家常贵富"铜镜**

时代:东汉

尺寸:直径 11 厘米

普查类别:铜器

收藏单位:重庆中国三峡博物馆

名称:**星云纹铜镜**

时代:西汉

尺寸:直径 15.4 厘米

普查类别:铜器

收藏单位:重庆中国三峡博物馆

名称:**"永初元年"铜壶**

时代:东汉

尺寸:口径 16 厘米,高 35 厘米

普查类别:铜器

收藏单位:重庆市涪陵区博物馆(文物管理所)

名称:**带盖提梁铜壶**

时代:东汉

尺寸:口径 10.3 厘米,足径 13.2 厘米,通高 27.8 厘米

普查类别:铜器

收藏单位:重庆市开州区文物管理所

名称:**铜壶**

时代:东汉

尺寸:口径 9.5 厘米,足径 11 厘米,高 18.9 厘米

普查类别:铜器

收藏单位:重庆市万州区博物馆(文物管理所)

名称:**鎏金铜壶**

时代:东汉

尺寸:口径 12.8 厘米,足径 17.6 厘米,通高 28 厘米

普查类别:铜器

收藏单位:丰都县文物管理所

名称:**鎏金带盖铜壶**

时代:东汉

尺寸:口径 11.3 厘米,足径 13.5 厘米,通高 29 厘米

普查类别:铜器

收藏单位:重庆市万州区博物馆(文物管理所)

名称:**孔雀钮带盖铜壶**

时代:东汉

尺寸:口径 13 厘米,底径 15.7 厘米,通高 45.5 厘米

普查类别:铜器

收藏单位:重庆市武隆区文物管理所(重庆市武隆博物馆)

名称:**铜釜甑**

时代:东汉

尺寸:甑口径 29.3 厘米,底径 17.8 厘米;釜口径 20.3 厘米,底径 13.5 厘米;通高 37 厘米

普查类别:铜器

收藏单位:重庆市开州区文物管理所

名称:**"严是"铜洗**

时代:东汉

尺寸:口径 34.3 厘米,底径 21 厘米,高 15.8 厘米

普查类别:铜器

收藏单位:重庆中国三峡博物馆

名称:"元初三年"鱼鹭纹铜洗

时代:东汉

尺寸:口径 45.7 厘米,底径 26 厘米,高 22 厘米

普查类别:铜器

收藏单位:重庆市万州区博物馆(文物管理所)

名称:**铜案**

时代:东汉

尺寸:长 65.2 厘米, 宽 43.5 厘米, 高 14 厘米

普查类别:铜器

收藏单位:重庆市万州区博物馆(文物管理所)

名称:**卷云菱纹铜耳杯**

时代:汉

尺寸:口长径 9.4 厘米,短径 7.9 厘米,高 2.1 厘米

普查类别:铜器

收藏单位:丰都县文物管理所

名称:**鎏金铜卮**

时代:东汉

尺寸:口径 8.9 厘米,通高 13.5 厘米

普查类别:铜器

收藏单位:重庆市万州区博物馆(文物管理所)

名称:**鎏金铜卮**

时代:东汉

尺寸:口径 10 厘米,通高 18 厘米

普查类别:铜器

收藏单位:重庆市万州区博物馆(文物管理所)

名称:**鎏金铜盒**

时代:东汉

尺寸:口径 20 厘米,底径 12.6 厘米,通高 18.9 厘米

普查类别:铜器

收藏单位:丰都县文物管理所

名称:**鎏金铜盒**

时代:东汉

尺寸:口径 17.5 厘米,底径 10.2 厘米,通高 17.9 厘米

普查类别:铜器

收藏单位:重庆市万州区博物馆(文物管理所)

名称:**虎形铜带钩**

时代:东汉

尺寸:长 12.6 厘米

普查类别:铜器

收藏单位:重庆市涪陵区博物馆(文物管理所)

名称:**虎形铜带钩**

时代:东汉

尺寸:长 15 厘米

普查类别:铜器

收藏单位:重庆中国三峡博物馆

名称:**鎏金四灵西王母柿蒂形铜棺饰**

时代:东汉

尺寸:长40厘米

普查类别:铜器

收藏单位:巫山县文物管理所(巫山博物馆)

名称:**鎏金铜棺饰**

时代:东汉

尺寸:直径 23 厘米

普查类别:铜器

收藏单位:重庆中国三峡博物馆

名称:**鎏金铜朱雀**

时代:东汉

尺寸:高 12.6 厘米,长 14 厘米

普查类别:雕塑、造像

收藏单位:重庆中国三峡博物馆

名称:**鸟形铜饰**

时代:东汉

尺寸:残长 10.7 厘米,高 7.9 厘米

普查类别:雕塑、造像

收藏单位:重庆市文化遗产研究院

名称:**牵马铜俑**

时代:东汉

尺寸:马高 98 厘米,长 90 厘米;俑高 78.5 厘米

普查类别:雕塑、造像

收藏单位:重庆中国三峡博物馆

名称:**铜俑**

时代:东汉

尺寸:高 45 厘米

普查类别:雕塑、造像

收藏单位:重庆市万州区博物馆(文物管理所)

名称:**铜俑**

时代:东汉

尺寸:高 32 厘米

普查类别:雕塑、造像

收藏单位:重庆市开州区文物管理所

名称:**铜俑**

时代:东汉

尺寸:高50厘米

普查类别:雕塑、造像

收藏单位:重庆市万州区博物馆(文物管理所)

名称:**佛像纹铜摇钱树(附灰陶座)**

时代:东汉

尺寸:摇钱树残高 8.5 厘米;座长 14.4 厘米,宽 14.4 厘米,高 7.8 厘米

普查类别:铜器

收藏单位:重庆中国三峡博物馆

名称:"熹平四年"变形四叶兽首纹铜镜

时代:东汉

尺寸:直径 17.8 厘米

普查类别:铜器

收藏单位:重庆中国三峡博物馆

名称:**龙虎纹铜镜**

时代:东汉

尺寸:直径 8.8 厘米

普查类别:铜器

收藏单位:重庆中国三峡博物馆

名称:**"青盖"龙虎纹铜镜**

时代:东汉

尺寸:直径 12.8 厘米

普查类别:铜器

收藏单位:重庆中国三峡博物馆

名称:"长宜子孙"连弧纹铜镜

时代:东汉

尺寸:直径 10.5 厘米

普查类别:铜器

收藏单位:重庆中国三峡博物馆

名称:**三足铜吊灯**

时代:西晋

尺寸:盘径 11.4 厘米,高 43.1 厘米

普查类别:铜器

收藏单位:重庆市开州区文物管理所

名称:**龙首柄铜熨斗**

时代:东晋

尺寸:口径 14 厘米,柄长 22.5 厘米,高 4.7 厘米

普查类别:铜器

收藏单位:重庆市万州区博物馆(文物管理所)

名称:**两铢铜钱**

时代:南朝宋

尺寸:直径 1.7 厘米,穿径 0.8 厘米,厚 0.1 厘米

普查类别:钱币

收藏单位:重庆市忠县文物局

名称:**十二生肖铜镜**

时代:隋

尺寸:直径 16.8 厘米

普查类别:铜器

收藏单位:重庆中国三峡博物馆

名称:**花鸟纹铜镜**

时代:唐

尺寸:直径 14.5 厘米

普查类别:铜器

收藏单位:重庆市酉阳土家族苗族自治县文物管理所

名称:**瑞兽葡萄纹铜镜**

时代:唐

尺寸:直径 12 厘米

普查类别:铜器

收藏单位:重庆市忠县文物局

名称:**鎏金铜佛像**

时代:唐

尺寸:高 5.5~10.5 厘米

普查类别:雕塑、造像

收藏单位:重庆中国三峡博物馆

名称:**鎏金观音铜像**

时代:唐

尺寸:高 18.5 厘米

普查类别:雕塑、造像

收藏单位:重庆中国三峡博物馆

名称:**尼泊尔嵌松石莲花手观音铜像**

时代:10~11 世纪

尺寸:高 26 厘米

普查类别:雕塑、造像

收藏单位:重庆中国三峡博物馆

名称:**鎏金千佛铜塔**

时代:明

尺寸:高 119 厘米

普查类别:铜器

收藏单位:重庆市永川区文物保护管理所(永川博物馆)

名称:**鎏金兽面纹扁足铜鼎**

时代:明

尺寸:口径 11.8 厘米,通高 15 厘米

普查类别:铜器

收藏单位:重庆中国三峡博物馆

名称:**鎏金金刚萨埵铜像**

时代:明

尺寸:高 18.7 厘米

普查类别:雕塑、造像

收藏单位:重庆中国三峡博物馆

名称：**西藏鎏金嵌宝石摩利支天铜像**

时代：15~16 世纪

尺寸：高 25 厘米

普查类别：雕塑、造像

收藏单位：重庆中国三峡博物馆

名称:**西藏鎏金嵌松石文殊菩萨铜像**

时代:16~17 世纪

尺寸:高 22.5 厘米

普查类别:雕塑、造像

收藏单位:重庆中国三峡博物馆

名称:**鎏金宗喀巴铜像**

时代:清

尺寸:高 15 厘米

普查类别:雕塑、造像

收藏单位:重庆中国三峡博物馆

名称:**鎏金嵌宝石密集金刚铜像**

时代:清

尺寸:高 18 厘米

普查类别:雕塑、造像

收藏单位:重庆中国三峡博物馆

名称:**鎏金嵌宝石十一面千手观音铜像**

时代:清

尺寸:高 40.9 厘米

普查类别:雕塑、造像

收藏单位:重庆中国三峡博物馆

名称:"大顺三年"双龙纹铜镜

时代:张献忠大西政权

尺寸:直径 12 厘米

普查类别:铜器

收藏单位:重庆中国三峡博物馆

金银器

名称:**鸠形银杖首**

时代:西汉

尺寸:长 7.2 厘米,高 2.7 厘米

普查类别:金银器

收藏单位:重庆市文化遗产研究院

名称:**"朔宁王太后玺"金印**

时代:东汉

尺寸:长 2.4 厘米, 宽 2.4 厘米, 高 2 厘米

普查类别:玺印符牌

收藏单位:重庆中国三峡博物馆

名称:**"偏将军印章"金印**

时代:东汉

尺寸:长 2.4 厘米,宽 2.4 厘米,高 2 厘米

普查类别:玺印符牌

收藏单位:重庆中国三峡博物馆

名称:**银指环**

时代:东汉

尺寸:直径 2.1 厘米

普查类别:金银器

收藏单位:重庆市 文化遗产研究院

名称:**银顶针**

时代:东汉

尺寸:直径 1.6 厘米

普查类别:金银器

收藏单位:重庆中国三峡博物馆

名称:**金辟邪**

时代:南北朝

尺寸:长 1.5 厘米,高 1.1 厘米

普查类别:金银器

收藏单位:巫山县文物管理所(巫山博物馆)

名称:**金饰**

时代:南北朝

尺寸:直径 0.8~0.9 厘米

普查类别:金银器

收藏单位:巫山县文物管理所(巫山博物馆)

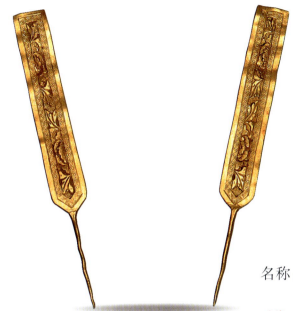

名称:**牡丹纹金簪**

时代:宋

尺寸:长9厘米

普查类别:金银器

收藏单位:重庆市巴南区文物保护管理所(巴南区文化遗产保护中心)

名称:**金耳环**

时代:宋

尺寸:宽1.7厘米,长2厘米

普查类别:金银器

收藏单位:巫山县文物管理所(巫山博物馆)

名称:**莲瓣纹银碗**

时代:宋

尺寸:口径9厘米,底径4.5厘米,高8厘米

普查类别:金银器

收藏单位:巫山县文物管理所(巫山博物馆)

名称:**凤首金钗**

时代:南宋

尺寸:长 20.8 厘米

普查类别:金银器

收藏单位:重庆市南川区文物管理所

名称:**缠枝莲纹金手镯**

时代:南宋

尺寸:直径 6.9 厘米

普查类别:金银器

收藏单位:重庆市南川区文物管理所

名称:**荔枝纹金带具**

时代:南宋

尺寸:方形銙长 6.7 厘米,宽 6.1 厘米;挞尾长 12.6 厘米,宽 6.4 厘米;总长约 108 厘米

普查类别:金银器

收藏单位:重庆中国三峡博物馆

名称:**缠枝莲纹金碗**

时代:南宋

尺寸:口径 15.2 厘米,底径 6 厘米,高 4.2 厘米

普查类别:金银器

收藏单位:重庆中国三峡博物馆

名称:**明玉珍金盂**

时代:元

尺寸:口径 8 厘米,底径 5.5 厘米,高 2.5 厘米

普查类别:金银器

收藏单位:重庆中国三峡博物馆

名称:**明玉珍银锭**

时代:元

尺寸:左长 6 厘米,宽 3.6 厘米;右长 4.3 厘米,宽 3.2 厘米

普查类别:钱币

收藏单位:重庆中国三峡博物馆

名称:**束发金冠**

时代:明

尺寸:长 4.1 厘米,宽 2.5 厘米,高 2.9 厘米

普查类别:金银器

收藏单位:重庆市黔江区文物管理所

名称:**嵌宝石镂空龙凤纹银冠**

时代:明

尺寸:长 23 厘米,宽 16 厘米,高 14 厘米

普查类别:金银器

收藏单位:重庆市永川区文物保护管理所(永川博物馆)

名称:**云头金钗**

时代:明

尺寸:长 16.4 厘米,宽 6.5 厘米

普查类别:金银器

收藏单位:重庆中国三峡博物馆

名称:**观音像金首银簪**

时代:明

尺寸:长 11.7 厘米

普查类别:金银器

收藏单位:重庆市黔江区文物管理所

名称:**绞索纹金簪**

时代:明

尺寸:长 13.5 厘米

普查类别:金银器

收藏单位:重庆市黔江区文物管理所

名称:**金耳坠**

时代:明

尺寸:长 4 厘米,宽 2 厘米

普查类别:金银器

收藏单位:重庆市铜梁区文物管理所(重庆市铜梁区博物馆)

名称:**金狮链**

时代:明

尺寸:通长 18 厘米

普查类别:金银器

收藏单位:巫山县文物管理所(巫山博物馆)

名称:**蝶形金饰**

时代:明

尺寸:长 4.8 厘米,宽 3.8 厘米

普查类别:金银器

收藏单位:重庆市黔江区文物管理所

名称:**花卉人物故事纹金帽饰**

时代:明

尺寸:长 9 厘米,宽 2 厘米

普查类别:金银器

收藏单位:重庆市万州区博物馆(文物管理所)

名称:**银三事**

时代:明

尺寸:长 6.6 厘米

普查类别:金银器

收藏单位:重庆市铜梁区文物管理所(重庆市铜梁区博物馆)

名称:**云鹤纹银鼎**

时代:明

尺寸:口径 7.8 厘米,高 9.9 厘米

普查类别:金银器

收藏单位:重庆中国三峡博物馆

名称:**鎏金喜鹊闹梅纹委角方形银盘**

时代:明

尺寸:口宽 12.2 厘米,底宽 9.2 厘米,高 1 厘米

普查类别:金银器

收藏单位:重庆中国三峡博物馆

名称:**鎏金莲鹤纹桃形银盘**

时代:明

尺寸:口长径 15 厘米,高 1 厘米

普查类别:金银器

收藏单位:重庆中国三峡博物馆

名称:"崇祯年制"鎏金八骏摩羯纹银碗

时代:明

尺寸:口径7.2厘米,足径3.2厘米,高3.3厘米

普查类别:金银器

收藏单位:重庆中国三峡博物馆

名称:**鎏金灵芝耳银杯**

时代:明

尺寸:口径 5.6 厘米,足径 3 厘米,高 4 厘米

普查类别:金银器

收藏单位:重庆中国三峡博物馆

名称:**鎏金桃形银杯**

时代:明

尺寸:口长径 6.5 厘米,高 3.2 厘米

普查类别:金银器

收藏单位:重庆中国三峡博物馆

名称:**牡丹蝠纹金耳环**

时代:清

尺寸:直径 2.2 厘米

普查类别:金银器

收藏单位:垫江县文化馆

名称:**"重庆宝顺隆"金手镯**

时代:民国

尺寸:直径 6.7 厘米

普查类别:金银器

收藏单位:重庆市江北区文物保护管理所

铁器

名称:**"蜀郡"铁锸**

时代:战国

尺寸:长 13.6 厘米,宽 12.5 厘米

普查类别:铁器、其他金属器

收藏单位:重庆中国三峡博物馆

名称:**铁锸**

时代:战国

尺寸:长 10 厘米,刃宽 12 厘米

普查类别:铁器、其他金属器

收藏单位:重庆市万州区博物馆(文物管理所)

名称:**错银铁带钩**

时代:战国

尺寸:残长 16.8 厘米

普查类别:铁器、其他金属器

收藏单位:重庆市万州区博物馆(文物管理所)

名称:**双耳铁鍪**

时代:西汉

尺寸:口径 14.0 厘米,底径 15.5 厘米,高 20.1 厘米

普查类别:铁器、其他金属器

收藏单位:丰都县文物管理所

名称:**铁釜(附三足铁架)**

时代:西汉

尺寸:口径 27 厘米,高 35 厘米;架高 20.5 厘米

普查类别:铁器、其他金属器

收藏单位:丰都县文物管理所

名称:**铜格铁剑**

时代:西汉

尺寸:长 97 厘米

普查类别:武器

收藏单位:重庆市万州区博物馆(文物管理所)

名称:"八厂"铁瓮

时代:东汉

尺寸:口径 26.2 厘米,底径 10.5 厘米,高 27.5 厘米

普查类别:铁器、其他金属器

收藏单位:重庆市万州区博物馆(文物管理所)

名称:**铁釜**

时代:东汉

尺寸:口径 28 厘米,高 19 厘米

普查类别:铁器、其他金属器

收藏单位:重庆市万州区博物馆(文物管理所)

名称:**铁釜**

时代:东汉

尺寸:口径 25.3 厘米,底径 8.8 厘米,高 29 厘米

普查类别:铁器、其他金属器

收藏单位:丰都县文物管理所

名称:**龙首柄铁鐎斗**

时代:东汉

尺寸:口径 17.2 厘米,高 20 厘米

普查类别:铁器、其他金属器

收藏单位:重庆市万州区博物馆(文物管理所)

名称:**铁锸**

时代:东汉

尺寸:长 14.5 厘米,宽 11.8 厘米

普查类别:铁器、其他金属器

收藏单位:重庆市万州区博物馆(文物管理所)

名称:**铁铧冠**

时代:东汉

尺寸:长 12 厘米

普查类别:铁器、其他金属器

收藏单位:重庆市万州区博物馆(文物管理所)

名称:**铁斧**

时代:东汉

尺寸:长 11.8 厘米,刃宽 5.4 厘米

普查类别:铁器、其他金属器

收藏单位:重庆市万州区博物馆(文物管理所)

名称:**铁凿**

时代:东汉

尺寸:长 10.2 厘米,宽 2.4 厘米

普查类别:铁器、其他金属器

收藏单位:重庆市万州区博物馆(文物管理所)

名称:**环首铁刀**

时代:东汉

尺寸:长 36.4 厘米

普查类别:武器

收藏单位:重庆市万州区博物馆(文物管理所)

名称:**铁锬**

时代:东汉

尺寸:长 79.2 厘米

普查类别:武器

收藏单位:重庆市万州区博物馆(文物管理所)

名称:**铁剪刀**

时代:东汉

尺寸:长 20.9 厘米

普查类别:铁器、其他金属器

收藏单位:重庆市万州区博物馆(文物管理所)

名称:**铁顶针**

时代:东汉

尺寸:直径 1.7 厘米

普查类别:铁器、其他金属器

收藏单位:重庆中国三峡博物馆

名称:**铁矛**

时代:东晋

尺寸:长 36 厘米

普查类别:武器

收藏单位:重庆市万州区博物馆(文物管理所)

名称:**铁铲**

时代:东晋

尺寸:刃宽 16.4 厘米,高 16.5 厘米

普查类别:铁器、其他金属器

收藏单位:重庆市万州区博物馆(文物管理所)

巴渝藏珍系列图书是重庆市第一次全国可移动文物普查成果汇编,由两部分组成。其一为《巴渝藏珍——重庆市第一次全国可移动文物普查总结报告暨收藏单位名录》,收录了重庆市总报告、6家直属单位及39个区县的报告,以及全市165家国有文物收藏单位的基本信息。其二为《巴渝藏珍——重庆市第一次全国可移动文物普查文物精品图录》,由6部图录组成,分别是:标本、化石卷;石器、石刻、砖瓦,陶器,瓷器卷;书画、碑刻、古籍卷;金属器卷;工艺、文玩卷;近现代卷。

编委会及专家组讨论确定了编写体例和分卷原则,审定了编写组提交的入选文物清单。重庆中国三峡博物馆承担项目的组织工作。通过招投标,确定西南师范大学出版社为出版单位。

《巴渝藏珍——重庆市第一次全国可移动文物普查总结报告暨收藏单位名录》由重庆中国三峡博物馆甘玲、金维贤主编。各有关单位提供了本卷的图片。

《巴渝藏珍——重庆市第一次全国可移动文物普查文物精品图录》各分册分工如下:

卷一:标本、化石卷,由重庆自然博物馆李华、童江波主编。重庆自然博物馆地球科学部姜涛、钟鸣,生命科学部钟婧、陈锋、马琦参与初选整理;孙鼎纹、王龙重新拍摄了部分收录标本图片,向朝军对收录图片进行后期处理。相关区县博物馆、文物管理所提供了标本照片。

卷二:石器、石刻、砖瓦,陶器,瓷器卷,由重庆中国三峡博物馆王纯婧、李娟主编。重庆中国三峡博物馆藏品部甘玲、杨婧等参与了初选整理,研究部贺存定帮助初选石器文物。

卷三:书画、碑刻、古籍卷,由重庆中国三峡博物馆江洁、杨婧主编。重庆中国三峡博物馆藏品部胡承金等参与初选整理,研究部刘兴亮帮助初选古籍图书。

卷四:金属器卷,由重庆中国三峡博物馆夏伙根、吴汶益主编。重庆中国三峡博物馆藏品部庞佳、马磊参与初选整理。

卷五:工艺、文玩卷,由重庆中国三峡博物馆梁冠男、梁丽主编。重庆中国三峡博物馆藏品部庞佳、马磊参与初选整理。

卷六:近现代卷,由重庆中国三峡博物馆艾智科、张蕾蕾主编。

卷二至卷六所选文物藏品的图片,主要来自普查登录平台,重庆中国三峡博物馆文物信息部王越川为图片的提取、整理做了大量技术性工作。重庆中国三峡博物馆陈刚、申林与万州区博物馆李应东对不符合出版要求的图片进行了重新拍摄。

巴渝藏珍系列图书的编辑工作得到各直属单位和各区县的大力支持,重庆中国三峡博物馆抽调专业人员进行了为期一年多的文物甄选、资料收集、编辑、拍摄工作。编委会及专家组的王川平、张荣祥、刘豫川、白九江、邹后曦等先生对各分册编辑组提出的入选文物进行了审定。序言由李娟、黎力译为英文。西南师范大学出版社为图书顺利出版付出了大量辛勤劳动。对以上各单位的支持与专家、学者的付出,表示衷心感谢。

本丛书既是重庆市第一次全国可移动文物普查的成果汇编,也是重庆市可移动文物的第一部综合性大型图录,通过丛书可了解全市国有文物收藏单位及馆藏文物精品,进而了解重庆这座国家历史文化名城的深厚文化内涵。由于我们经验、水平和能力的不足,难免存在错讹和疏漏,敬请读者不吝赐教。